■ 시와수상문학 13인의 동인

거리에 시(詩) 내리듯

■ 축사
13인의 동인지 '거리에 시(詩)내리듯'

멀리 민들레처럼

김 우 종

열세 분의 땀방울 백 삼십여 개가 백옥들의 구슬 탑이 되었다. '거리에 시(詩)내리듯'들이라 했지만, 이 자리를 마련한 박소향 시인의 작품부터 보면 만만치 않다. 박 시인과의 만남이 스무 해쯤 될 듯한데 알찬 시어들이 갯바위에 부딪혀 오는 바닷물처럼 뭉클하더니 그 몸부림이 여전하고 더 힘차다.
그런다고 바위가 부서지지는 않으니 참으로 무모한 시인인가?

'창밖은 바람'
산다는 건 조금씩 포기하는 일이다
당신이 끌어안지 못한 나를 허락하는 일이며
누군가 포기한 사랑을 다시 느끼는 일이며
꽃씨들이 바라는 황홀한 그 날을
잠시 눈 감고 기다리는 고해의 시간이며
저문 강 그늘에서 창밖을 볼 때만큼
차가운 바람을 혼자 껴안는 일이다.

일백 번을 부딪혀도 부서지지 않는 바위라면 이 시에서처럼 '산다는 건 조금씩 포기하는 일'이었어야 했을 것이다. 그런데도 여전히 철썩 철썩 들이박기를 반복하는 것을 보면 참으로 존경스럽다. '당신이 끌어 안지 못한 나를 허락하는 일'도 그렇고

'누군가 포기한 사랑을 다시 느끼는 일'도 그렇다.

그러고 '저문 강 그늘에서' '차가운 바람을 혼자 껴안는 일'도 그렇다. 참 바보 같은 짓인데 이것이 '산다는 것'의 의미인 줄 알면서도 반복해 오고 있다면 이젠 바위가 산산이 부서져 버려야 할 차례다. 이런 의미에서 박 시인은 인생의 진정한 승리자다.
 그리고 그 승리는 시 창작을 통한 심오한 사고와 담금질 같은 인내와 '눈 감고 기다리는 고해' 같은 겸허한 성찰의 반복으로 얻어진 열매일 것이다.

 예전에 내 곁에서 문예지 '휴먼메신저'를 돕다가 그 후 한국 시단의 한 모서리를 혼자 이끌어나가며 시지프스처럼 힘든 형벌을 반복하는 일이 인생임을 절감하기도 했나 보다.

박 시인만이 아니다. 문학은 힘들게 일하고 열매는 남들에게 주고 떠나는 바보 농사다. 그렇지만 문학 창작은 모든 이의 고달픈 삶을 위로하며 아픈 상처를 치유하고 썩은 세상을 정화하고 인간에게 가치 있는 삶의 의미를 전해주는 작업이다.

여기 모인 옥구슬 일백 삼십여 개가 그렇게 남들에 대한 사랑을 통해서 궁극적으로는 나를 개발하고 구해나간다. 동인지는 시장에서 많은 독자와 만나는 형태는 아니지만, 그것은 민들레처럼 수많은 씨앗이 되어 멀리 날아가서 많은 사람들의 가슴에 심어지고 거기서 황금빛 꽃잎으로 자란다.

 그렇게 멀리 날아가 이 삭막한 세상을 황금빛 꽃밭으로 만들어 나갔으면 좋겠다.

2024년 11월 27일.
문학평론가, 수필가 김우종

차 례

❖ 축 사 김우종

❖ 시

❖   6 / 김임자 • 깜짝 귀염이 외9
❖ 21 / 김효진 • 이슬방울 외9
❖ 33 / 신화원 • 구상 외9
❖ 45 / 박기원 • 미궁 외9
❖ 56 / 김학규 • 단풍나무 외9
❖ 67 / 조강자 • 하늘의 별 따기 외9
❖ 78 / 이병희 • 가을 그리움을 담다 외7
❖ 87 / 김영미 • 인디언 외9
❖ 108 / 이선옥 • 그 바닷길에서 외9
❖ 128 / 김경자 • 60년 만의 고향길 외9
❖ 139 / 임영서 • 별로 태어난 우주 외9
❖ 150 / 전재숙 • 잎사귀 하나 외8
❖ 160 / 박소향 • 빈 공간의 자유 외9

김임자 작가

- ❖ 깜짝 귀염이
- ❖ 나 원 참
- ❖ 무지개 다리
- ❖ 누구예요?
- ❖ 꿀벌 어린이집
- ❖ 그럴 수도 있지
- ❖ 조심 또 조심
- ❖ 노란 우산을 끌고 오는 아가들
- ❖ 명숙 언니
- ❖ 벙어리 장갑

시와수상문학 회원, 국민훈장 석류장 수훈
전국 시 낭송 대회 우승, 공저<솜다리를 찾아서>
<글 쓰는 노년은 아름답다> 시집<시계 놀이>

깜짝 귀염이

꽃샘바람 옷 사이로 파고들던 날
털 달린 조끼를 겉옷으로 입었다

내복 바람에 맨발로 뛰노는 교실
옛날이야기 진행에 열중했던 나는
등에 땀이 났다

복도에서 물 한 모금 마시고 있는데
조끼 속으로 꼬마 손 불쑥 들어와
오른쪽 가슴을 꾹꾹 누르고는
"함머니 여기 왜 이렇게 불룩해?"

하마터면 물이 튀어나올 뻔
네 살 녀석 눈웃음 가슴에 머문다
"글쎄다" 왜 그럴까?"
"여자니까 그렇지요."

혼자만 아는 비밀처럼 귀에 살짝 불어 넣고
목덜미를 끌어당겨 대롱대롱 매달려
"함머니 사랑해요"

나 원 참

꼬마 의자에 앉아 잠시 쉬고 있었다
냉큼 무릎 위로 올라앉는다
몇 살이지?
다섯 손가락 쫙 펴고 시계추처럼 흔든다

내려놓으려니
핑 돌아서서 마주 본다
내 귀를 끌어당겨 이마끼리 맞춤하고
양손 검지 끝으로 두 볼을 콕콕 찍는다
손바닥으로 양 볼 쓰다듬다가 안경테를 건드렸다
미안해요
두 어깨를 조물조물
요리조리 깍꿍깍꿍
둘이 함께 아롱다롱
그러다가 불쑥
"이야기 할머니 귀여워요"

저만치 달아나 선생님 뒤로 숨는다.

무지개 다리

하나 둘 셋 넷 이야기 시작
눈은 반짝 귀는 쫑긋쫑긋

대뜸
할머니 왜 그렇게 쭈글쭈글해요?

구름 타고 산 넘고 물 건너가다가
무지개다리 미끄럼 신나게 탔지요

데굴데굴 굴데굴데 데굴굴데 굴데데굴
비틀비틀 틀비틀비 비틀틀비 틀비비틀

저 좀 잡아 주세요
눈 꼭 임 앙 팔다리 휘젓고 찡그렸지요

맛이 어때요?
단맛 쓴맛 신맛 매운 맛 고소향 맛……

할머니 거짓말쟁이
아니야, 미끄러지기 좋아해

누구예요?

아휴
이야기 할머니 늙었다
바보야, 할머니는 늙은 사람이야

그래 세월이랑 살다보니 이리 되었네요

세월이가 누구예요?
여자예요? 남자예요?
바보야 할아버지지 누구야 그치요오?

꿀벌 어린이집

꿀벌 어린이집은 언제나 분주하다
"이야기 할머니 오셨다"
와글와글 제자리 찾아
'배꼽 손'하고 앉는다

보람 반에 새 친구가 보인다
"반가워요. 당신은 누구십니까?"
'…………'

하얀 머리칼 나를 빤히 쳐다본다

'할머니 도대체 몇 살이세요?'

'궁금하니? 100살이란다'

발을 동동동

'그런데 아직도 안 죽고 남아있어요?'

'어허허, 남아 있어 미안하구나'

맨 뒷줄 남자 어린이 벌떡 일어나더니
괜찮아 괜찮아 손뼉을 친다
모두 의자에서 일어나 마치 연습을 한 듯

괜차나 괜차나 붕붕붕 짝짝짝 합창을 한다.

그럴 수도 있지

모자 쓰고 유치원 가요
귀 뒤 머리카락 희끗희끗 보여요

모자 좀 벗어보세요 모자 좀 벗어보세요
할머니 팻션입니다 할머니 팻션입니다

오른팔 기브스 남아 벌떡 일어서
'제 소원 하나 좀 들어 주세요'
그래야겠구나. 뭘까?
'오늘만 모자 좀 벗어주세요'
잠시 망설이다 모자를 벗고 손가락 빗질을 했어요

'와, 할머니 몇 살이세요?'
또 잠시 망설이다 굵은 목소리
'백살이다'
'어,어, 근데 여태 안 죽었어요?'
아차차 침이 꿀꺽 넘어갔어요

'그럴 수도 있지. 우리 할머니는 106살이다'
쌍갈래 머리 여아 야무진 목소리

누구랑 살아?
조그만 주먹 가슴을 탕탕
'아이 답답해 나랑 엄마랑 아빠랑 살지요'
어깨 넘어 꽁꽁 댕기 머리 가슴으로 당겨 만지작 만지작
'할머니가 땋아 주셔요'

저쪽에서 컴퓨터 일손 멈춘 원장님
이쪽 보고 고개를 끄덕 하신다.

조심 또 조심

이야기 끝낸 유치원 현관에서
개량 한복 치마 여미지 못하고 허리 굽혀
풀어진 왼쪽 구두끈을 묶고 있었다

퍽
'할머니 엉덩이 되게 크다'
원장 수녀님이 딱 보셨다

후다닥 도망치는 여섯 살 남아
왼손 붙들린 채 반쯤 뒤돌아 오른손 반짝반짝
'이야기 할머니 안녕히 가십시오.
 다음 주에 또 만나요'

수녀님이 미안한 듯
나에게 목례를 건네자
공수供水하며 인사를 또 보낸다

화끈 붉어진 내 낯
미소로 답하고 한 걸음 한 걸음 걷는다
앞마당 토끼 한 쌍 눈빛과 마주쳐 부끄럽다.

노란 우산을 끌고 오는 세 살 아가들

좋은 날씨
아가들아 어디 가니
꽃밭에
거긴 왜?
우산을 심으려고
깜작 놀랐다
왜 그렇게 하고 싶지?
친구 만들어 주려고

좋아할까
끄덕그덕
내가 도와줄까
도리도리

땀에 젖은 곱슬머리
이마에 흘러내리고
분홍 보조개
조그맣고 어여쁜 손등
마음은 하늘 땅땅
세 살 아가가 세운 희망

그 힘으로
우산들이 좋아질거야.

명숙 언니

내일은 언니가 서울로 시집가는 날이다

중학교를 인천에서 서울로 유학 간 나는
있을 곳이 마뜩지 않아 기차 통학을 하고 있다

등굣길은 새벽 별과 함께
하교 길은 북두칠성 세며 집으로 온다

'우리 집에서 학교 댕기라'
'………'
'와 대답이 없노?'

언니와 나는 가끔 다투어 서먹서먹하면
경상도 사투리로 이야기 나누면서
슬그머니 풀어진다

나는 언니 꽃밭에 있다
칸나 잎 두드리는 빗줄기만 바라보고 있다
'오늘까지만 비를 내리시고 내일은 제발
그만 그쳐 주셔요'

흙이 온몸으로 튀어 오른다
달라붙어 흐느낀다

정말 거짓말같이 맑게 갠 아침
우린 헤어질 수 있을까.

벙어리 장갑

눈이 펑펑 쏟아진다
벙어리 장갑을 낀 두 손으로 언니 목을 감고
두 다리 활짝 벌려 허리를 감싸고 옆구리에 붙는다.

등에 매달린다. 숨이 가쁘다
엄마 허리에 꽁꽁 돌려 묶은 다음 길게 늘어뜨린 끈의
끝자락을
언니는 왼손 손목에 챙챙 감고 다섯 손가락 사이사이
엇갈아 돌리고 끼어
꽉 잡는다.

힐끗힐끗 뒤돌아보며 달음박질로 앞서가는 엄마를
따라간다.
캄캄한 밤 미끄러운 눈길 넘어지지 않고 놓치지
않으려고 발걸음 종종종 조심스럽다.
옷을 껴입어 등에서 자꾸 미끄러져 내려가는 날
치켜올리느라 잠시 멈춰 서기도 한다.
그때마다 고개를 반쯤 돌려서 내게 묻곤 한다.

'추워'
'춥니?'

'조금만 더 가면 곧 역이야'
'오빠가 그곳에 남쪽으로 가는 마지막 기차가 기다린다고 했어.'

내가 자꾸 이빨을 딱딱 마주치며 덜덜덜 떨고 있는 게 안타까워
나를 달래보려고 한다.
그리고 내 엉덩이를 두 손깍지로 꽉 조여 힘을 준다.
떨어뜨릴까 봐 애를 쓴다.
언니는 장갑도 끼지 않은 맨 손이다.

내가 살아오는 동안 가장 무섭게 춥던 밤
칠십여 년 전 그날 밤 1.4후퇴 피난 길
언니 사랑이 지금은 가장 뜨겁고 뭉클한 밤이 되었다.

김효진 작가

❖ 이슬방울
❖ 갈대
❖ 인연
❖ 기다림
❖ 여름 갓 밝기
❖ 가을빛 소묘
❖ 구월의 새벽
❖ 가을 들녘
❖ 만추 풍경
❖ 섬

시와수상문학 시/수필 등단. 시와수상문학공로상 수상,
제1회 정병국 문학상 수상. 현 시와수상문학 작가회 회장
시집<새벽 별을 걸고> <골프타임즈>수필 연재 중.

이슬방울

저 멀리 산 아래 마을
연무에 쌓여 잠 깨지 못하고
휑뎅그런 마당가
대 빗자루 동자승

쓸어도 쓸어도 쏟아지는 꽃잎들
제 키보다 큰 빗자루
새벽부터 쓸지만

골 안에 숨었던 산바람
장난스레 옷깃을 펄럭이다가
움찔 물러선다

커다란 눈망울에 이슬이 방울방울
옴마 보고 저버 또 우는겨
눈 속에 연꽃이 피었구나

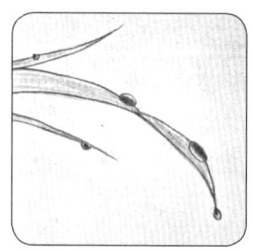

갈대

마실 갔던 골짝 바람
해질녘 돌아와서
밤새도록 수런대네
전설을 심더라도
갯고랑 가 그대들은
서러워 마라

달 밝은 밤
새끼 잃은 어미 노루
구슬픈 울음소리
온 들판 휘저어도
눈물 짓지마라

때로는 긴 바람이
그대 흔들지라도
우리는 기억한다

그대의 아픔을
그대 피 묻은 녹슨 철모를

인연

산모롱이* 돌아가는 먹빛 장삼 저 삿갓
식사 공양 물리며
부적처럼 써 주고 간 인연(因緣)

해는 저물어 온 산 잠길 때
깊은 밤 소쩍새는 밤하늘 다둑인다
삼년 여 치성 끝에 겨우 얻은 자식 하나
온갖 고생 마다 않고 귀하게 키웠으나
오년 뒤 출가라니
그날로 가슴 위엔 구들장 하나씩 무너졌다

가물가물 기억 속에
십여 년 전 동네 어귀 설핏 비친 탁발승
틀림 없는 아들이었다
아무도 모르는 어미만의 느낌
정수리부터 발끝까지 찌르르 허둥지둥 나섰지만
산삐알*로 사라지고
이것이 인연의 끝이라면
어쩔 수가 없는 게지

시적* 앞둔 노승
상좌에게 이르기를
네 에미 눈물부터 닦아주고 오너라.

* 시적(示寂): 부처, 보살 또는 고승의 죽음
* 산모롱이, 산삐알 : 산모퉁이의 방언

기다림

모든 이별이 그렇듯
그날도 새벽달이 지기 전
채비를 서두르는 너를 보며
급히 밥을 하며 넋 놓고 눈물짓다
타는 내음에 밥을 푸니
하필이면 위는 설고 아래는 타버린 층층밥
억지로 한술 뜨고
삽작*을 나서는 네 뒷목 어깨가
시리고 시리다

전쟁은 끝나도
돌아오지 않는 너를 찾아
천지를 헤매니
알 수 없는 네 행방은
그저 불명이었다

그날 이후 하늘은 무너졌다
서방 잃고 새끼마저 잃은 어미는
하늘 아래 그 무엇도 두렵지 않다
이제 호호백발 어미 손엔
떨구고 간 교복 단추 하나만 남았다.

*삽작 : 사립문의 방언

여름 갓밝이*

모깃불도 사위고
나즈막 초가 위에
별똥별이 수북이 쌓인 채
멍석 위 옥수수 감자 바가지
이슬이 내리는 시각
들녘 끝 강물도 숨죽인다

하늘 가득 수많은 별들
은하수 건너 잠자러 간 사이
성급한 멧비둘기 수수밭을 날으는 소리
바지런한 외삼촌 조롱대 차고
아스라한 벌판
속치마 들치며 낚시를 간다
낚싯대 끝 그믐달 고리 되어
새벽 별 걸고 간다

심연을 가진 강물은
기다리며 천천히 간다.

*갓밝이: 새벽 동이 틀 무렵의 희끄무레한 상태,
 지금막 밝아진 상태

가을빛 소묘*

기름 대신 땀으로 녹여
황금빛 물감 온 들녘 채우더니
이제사 빛바랜 터럭
은빛 갈대가
간월재* 대평원 가득 메운다

밤새 찬 서리에
달빛과 별빛이
여우들의 긴 울음소리 골짜기로 숨고 나면
비로소 새 아침 힘찬 골바람 요란하다
얼마 남지 않은 시간들 흔들리며 흩어진다

해질 녘 붉게 물든 서쪽 하늘
누구의 한뉘*인지 처연한 저 노을빛
그저 찬연한 게 아니다
피땀으로 한 시절 보냈다는 징표가 아닐는지.

*소묘: 연필, 목탄으로 사물의 형태와 명암을 위주로 그리는 그림.
*간월재 : 영남알프스 신불산과 간월산 사이에 능선으로 억새군락지
*한뉘 : 사람의 한평생을 뜻하는 우리말.

구월의 새벽

처서 백로 지나고
눈을 뜬 이른 새벽
구름 하나 없이 마알간 하늘만 남아
채비 늦은 동살을 기다린다

지난여름 폭염과 물난리
어수선한 시간은 끝나고
이제야 철든 얼굴로 새벽을 연다

고개 가파르고 골이 깊듯
다가오는 계절도 깊어지겠지

서늘한 바람
풀벌레 소리 이명(耳鳴)으로 울면
아직은 따가운 햇살
가을을 맞는다.

가을 들녘

가을걷이 늦사리*
천둥지기* 수수밭도 끝난
빈 들녘에 비가 내리고

구름 한 점 없이
맑고 깊은 하늘
사방이 고요한데
알 수 없는 기운이 들녘을 채운다

할 일 끝낸 빈 들녘
나이 든 아낙 치마폭같이
넓고도 푸근하다

마지막 혼사 잡은 고명딸
두엄 지게
지고 나서
해지도록 흥얼대며
떠날 줄을 모른다.

*늦사리 : 철 늦게 거두는 농작물(反 오사리)
*천둥지기 : 산등성이 물 없이 농사짓기, 척박한 땅

만추 풍경

안개 골목 나온 마차
광장을 가로질러
낙엽 진 가로수길 지난 뒤
수도원 담장 기어오르던
담쟁이 넝쿨 지쳐서 멈춘다

유난히 짧은 오후
덜 끝난 추수에 구부린 농부 어깨
햇살이 짧다
들녘 가득했던 황금빛
하늘로 올라 노을빛이 되었나

깨끗이 씻은 삽과 괭이
온 식구 둘러앉은 저녁 만찬
아이들 해맑은 웃음소리
촛불보다 밝은데
포도 위 낙엽들은 발길에 부서진다

우리의 인생처럼.

섬

누구나 하나쯤 소박한 꿈은 있다

요즘처럼 이틀이 멀다하고
눈발 속에 온 세상 잠기는 날
간단한 행장으로 심심산골로 가고 싶다
전기 수도도 없는 깊은 침잠의 오두막에서
섬으로 살고 싶다

겨우내 괴롭히는 화두 같은 시제를 파먹으며
한 철을 보낸 뒤
눈 속에 묻혀 있던 길이 열리면
돌아오리라

씻지 못한 수척한 얼굴에 눈꼽 낀들 어떠리
원고 뭉치 한 아름 안고
동안거 해제한 수도승의 개운한 얼굴로
돌아오고 싶다

오늘처럼 종일토록 눈 내리는 날
아침나절 바삐 아내가 나가고 나면
또 다른 섬이 되는 나.

신화원 시인

- ❖ 구상
- ❖ 그림자 산책
- ❖ 기울기
- ❖ 꼬임
- ❖ 낯섦
- ❖ 달라지는 빛
- ❖ 시간을 걸다
- ❖ 정물이 되고서
- ❖ 파충의 시간
- ❖ 표정이 적절해

시와수상문학 시 부문 등단
시와수상문학 작가회 기획실장
공저 동인지 <세모시> <골프타임즈> 시 연재 중

구상

네가 없어도 살만한 사유였을까
너를 물고 달아나는 현기증을 보니
선인장의 잘린 발목이 실룩거리도록
기억의 발톱이 각질로 떨어진다

의심 많은 유리창에 놀란 너
시간을 오래토록 벽에 묵혀두었다
까만 호흡이 추락할 때까지
너는 공기주머니 없이 울었다

꼭지 없는 과일들이 새벽부터 웅성거린다
핀셋이 새벽을 뽑아 나갈 때
너는 바닥에 엎드린 자신을 포기할 것이다
모아진 너는 눈이 작을수록 더 잘 보이니까

모레쯤 이방인이 치근대는 밤이 되면
젖은 뜰을 해골처럼 빛나게 해 볼까
창밖에서 용수철 닮은 그림자가 지나간다
침묵이 우둔한 구석지에서

너울지게 밥물을 게워내고
잠옷 속에 갇힌 별과 달이 새벽을 재우다 실명하고
소소한 구상이 발밑에서 여물어 간다

그림자 산책

고개를 흘린 채
내 옆에 온다
작고 검은 그늘이
어린잎처럼 밀려간다
내 앞을 스쳐간다
여린 빛 되어 스쳐간다
미행하듯 내 그림자
늘어난 거리만큼 종종 밟아 간다

나와 겹쳐지는
아침 도자기살 같이
촘촘하게 흩트려 간다

더이상
실루엣은 자라지 않는다
수북하던 시야만 살뜰해진다
따가운 햇살이 길게 부서진다

더 이상
나의 길이도 자라지 않는다

기울기

바윗돌을 들추고 간신히
이름을 기울이지 나 여기 있나요 라며
거미줄처럼 탱자가시 숲을
늙은 뱀이 갸우뚱 허물을 버리고 간다

나 여기 있을까요 라며 부를 이름은
입속의 박쥐의 물갈퀴처럼
공기를 호령하면서 헤엄쳐 간다
늙은 뱀의 허물에서
겨울철 파란 무를 갉아 먹던
한 소년의 눈꼬리가 씰룩거린다
서툰 말소리로 거머리처럼
박쥐 배설들이 오후의 짜증을 턴다

한쪽 다리를 들고 반대로 몸을 기울여 본다
그냥은 넘어지지 않아
피사탑처럼 투명한 흉내를 내며

이때 멈추면 나 여기 있어요 라며 지구가 넘어갈까

꼬임

수년 전 약속에서 꿈꾸듯 외면했다
같지 않은 무게를 탐하지 말아야 했는데
강에 빠진 그림자의 끌림처럼 여울졌고
복제된 과거의 프랙털처럼 깜빡 거렸다

따가운 햇살이 물비늘을 어지럽게 흔든다
어제와 오늘의 어색한 변명이 내일로 넘어간다

눈가에 흐르는 이슬이 느슨하게 세월을 꼰다
너인 듯 아니 나일까
나인 듯 너라는 것일까
그렇게 마주 보면서 꼬인다

비겁한 태양과 허접한 토양은 검은 밤을 빼앗기고
주저하는 발기에 꺼져가는 푸념이 유리병에 갇혔다
묶음이 녹슨 자물쇠처럼 열쇠의 침묵이 열릴 때까지
매듭에 갇힌 것들은 엔딩 곡처럼 또렷이 흐려지고 있었다

낯섬

어느 날 하얀 눈이 뿌려졌나 보다
화단은 온통 쑥버무리다
콘크리트 벽에 녹슨 혈관도 보인다

어느 날 눈이 비를 맞고 있나 보다
욕망의 소음이 세상에 떨어지면
어린 우리는 식은 꽃에 감정을 빼앗긴다

그날 패인 상처를 안고 개천이 흐른다
강변은 안달 난 차들이 난해하게 달리고
뒤통수에서 기침하는 바람은 독설 같다

그날 창문이 열리자 하늘이 날아간다
백색의 무게를 뒤로
토해내는 소문이 젓갈처럼 짜게 들린다

오늘 등이 없는 길을 노인이
구부러진 미로처럼 간다
체감 온도를 가늘게 구부리고

오늘 낯설도록 하루가 외곽에서 신음한다
기억 없는 지문을 찾아 신음한다

달라지는 빛

너는 입속에 고독처럼 고인다
밀실을 떠도는 얼굴 없는 백지로도

나뭇가지가 겨드랑이를 갉아 먹듯
끊임없이 굴절하는 너는
도마 위 세균과 혼숙도 한다
숨겨진 너는 돋보기와 마주치면
엉덩이를 떨기도 하고

가끔 무대에 살아있는 마이크에서
꺾이지 않고 네가 죽으면
도둑과 고양이는 그림자로 대화를 한다

그러다 쇼케이스에 중독된 정육처럼
겨울잠을 자는 죄수의 눈빛으로 각색이 된다

시간을 걸다

눈이 아침처럼 열린다
종아리를 걷어간 바지를 입고
떠도는 시간을 초기화한다

익지 않은 햇살이
하품하듯 커튼 새로 혀를 내민다
과거가 되어버린 식탁 위에서
가짜 천사와 기사는 까만 혀를 감춘다
내 혀도 견고히 숨었고
갖가지 도형의 뼈들도 근육 속에

불완전한 잔상들이 허기를 풍긴다
조각난 욕망이 자주 수줍어한다
보이는 건 희고 검어서
자주 로맨스가 소환된다

표징이 지리는 벽에 시간을 섞어 둔다

정물이 되고서

잠자코 귀퉁이를 뽑는다
돌아오는 허리는 여전히 느슨하고
긴장한 노란 고무줄은 질기게 떨고 있고

거칠고 섬세한 피부병처럼
꼼짝없이 잘록한 호흡 사이로
동그란 사색을 안고 심장은 평행선을 달리다
반대로 누우려는 그림자를 세 번 말아 접는다

버림받은 창문에 나풀대는 수명이
갓 볶은 염려를 허리에 두르고
먼 발끝 또각거리는 무색 소음이 되었다

가까이 보이지 않게 멀게 밀어내면
흔들림 타고 실비가 몰려온다
숭숭한 물질이 입속에서 경직된다

표정이 드러나도록 멈춰 숨는다
물기 없는 어제의 한쪽 이른 계절
파르르 한기를 게우며 옆으로 멈추는 게가 되려고

파충의 시간

흉터가 가득한 반나절은 음산하다
외투는 흥분한 메두사의 광기로
통증의 문신은 돌이 되고

이슬은 건조한 이끼의 한 끼 식사다
먹구름의 찬 경계가 풀리고
심해의 건반 위로 진주 방울이 피어오른다
장애가 되는 해빙기를 만지면
투명한 뼈속에 너는 무수한 알을 숨긴다

냉정하게 너는 저속해 진다
숲에 수백 겹의 결계를 세우고
온랭의 비늘 밑동에 온돌처럼 마비를 묻는다
환청이 가시덩굴처럼 허리를 감는다
물줄기와 절벽은 복습의 족자가 된다

이런 난청을 앓는 시간이 파충이 된다

표정이 적절해

금 거래소에서 협찬하는 야유들이
음각의 미소를 찍어내던 날
옆집 푸들의 하품이 적절하게 혀에 녹는다

무지개는 일곱 벌의 옷을 버리고
빛깔의 감정에 꼼꼼하게 장애를 준다
처녀의 골반을 등고선으로 칭칭 감듯

조신한 자작나무 이야기에 하얀 물감이 떨어진다
잠잠한 감정들이 그물에서 숭숭 거리고
적절하게 풀어진 표정들은
헐렁한 반지처럼 허영에 빠진다

얌전. 쌀쌀. 무덤덤하게
파리채의 여름 향기처럼
옆집 푸들의 표정이 적절하게 옆으로 잠든다

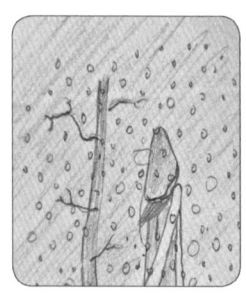

박기원 시인

❖ 미궁
❖ 마지막 치매
❖ 연모
❖ 불볕더위
❖ 천사
❖ 무인 낚시
❖ 추파
❖ 어머니
❖ 허심
❖ 고향 생각

지필문학 시 부문 등단, 시와수상문학 홍보위원장,
부산디카시인협회 부회장, 동대문 문예공모전 시부문 입상,
중랑신춘문예 동시부문 입상, 시와수상문학 작가상 수상
<골프타임즈> 디카시 연재 중

미궁

숨바꼭질이 원인이다
겨를은 긴장을 낳았고
노견의
후각은 방향을 잃었다

마지막 치매

육 남매를 웃음으로 키우셨다
매일 근심을 들여다보던 어머니
막내를 열어두고
이사 가셨다

연모

바다에 간다
파도가 놓고 간
그의 여음을 만지려
물거품인 줄 알면서

불볕더위

한여름 정오 비둘기들의 아지트
지구의 온난화로 생태계에 미치는 영향을
논의하고 있다
젖 뗀 새끼를 가진 어미의 언성이
구구절절하다

천사

가을비가 여름을 벗기는 날
축하 머금은 손녀 하객을 향하여 섰다
내일은 걷겠다 약속하듯
손녀의 다짐을 눈에 넣은 후 부터
주름마다 미소가 번지기 시작했다

무인 낚시

낚싯대 혼자 두고
밤새워 놀았더니
찌는 어디 가고 끼만 남았네

추파

이슬 머금은 고운 자태로
속치마 들춘 하늘거린 감질에
그만 당하고 만다

어머니

두고 온 새끼들이 눈에 밟힌다
끼니는 거르지 않는지
온종일 마음은
산 너머에 가 있다

허심

서 빛이 자라기 시작했다
누가 채우고 있을까
밝아지는 그대
나는 바라만 본다
높고 멀기에

고향 생각

동네 어귀 들어서면 정자에 앉아
어느 댁 자식인지 알아채던 어르신들
올 추석에는 텅 빈 정자에
여름 이웃 부채만 덩그러니 앉아 있겠다
.

김학규 시인

- ❖ 단풍나무
- ❖ 영덕 해변
- ❖ 장가계
- ❖ 원가계
- ❖ 황룡 동굴
- ❖ 두 스님의 해후
- ❖ 동장군
- ❖ 꽃상여
- ❖ 나이만 쥐고 있어요
- ❖ 응급실

한국창작문학 시 부문 등단, 계간문예 수필 등단
시와수상문학 작가회 운영 위원장, 공저 동인지<세모시>

단풍나무

윗도리 부터
붉은 옷으로 갈아입고
화려한 미소 흩날리더니
먼발치 동장군 기침 소리에
옷가지 벗어 내리네

추위는 시나브로 다가서고
잎새 떨궈버린
여린 가지 몸서리치는데
굵은 몸뚱아리
켜켜이 껴입은 목갑 옷
한파 견디려 암팡진 근육 내보이며
늠름한 모습이지만

휘몰아치는 찬 바람
쏟아지는 눈보라
한겨울 모진 추위 어이 견디려나

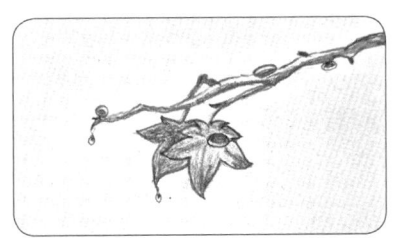

영덕 해변

비바람 거세지니
성난 물결로
쉼 없이 몰려오는 파도
오초 간격이니
한 시간이면 칠천이 백번
모난 돌은 설자리 없네

옥색 물결에 하얀 포말
새로 짠 양탄자로
해변 모래 위 신기루이고

무리 지어 거친 바람 즐기며
날개짓도 없는 갈매기
자유로운 유영으로
하늘을 맴도네

낚싯대 드리우고
눈싸움 하다
둥글어지다 못해
뒹굴고 있는 낚시꾼

장가계

장가계 고지에 오르니
안개와 구름이 포개고 있어
두리번 거리는 눈동자에
성애 가득하네

한 해의 반 이상 비 뿌리고
하늘로 가는 길
천문산에 있다 하여

먼 길 마다치 않고 찾아왔으나
반겨줄 햇살 숨었으니
안개비가 이마 쓰다듬네

돌아서는 발걸음
재촉하는 가이드 깃발
너울거리는 안내판 사진
풍경을 내신하네

원가계

악 소리가
한숨으로 터져 나오며
산 기둥 눈으로 쓰다듬네

위에서 아래쪽까지
한참을 내려서야
바위벽 화초 밑으로
까마득히 보이는 아래 세상

웅장한 기암절벽
여기저기 죽순처럼 솟아
손가락 바위라 하고

구름은 무리 지어
중턱에 너울거리니
이곳에 바둑판 펴놓고
신선이 되어보고 싶네

황룡 동굴

거대한 동굴 안에
석순이 우후죽순이고
물길 깊어 유람선 떠다니네

천장에는 돌고드름
아래에서는 석순으로
마주하고 자라는
돌기둥 키가
국기봉 보다 높네

돌고드름이 흘리는
절절한 눈물
한 방울씩
받아먹고 자라는 석순
둘은 천생연분이네

두 스님의 해후

 산능선이 타고
하늘로 펼쳐지는
오르막길
천국으로 가는
눈부신 길을 오르네

하늘 향하여
힘껏 자란 소나무
푸른 솔가지 위에
비워버린 마음은
순백으로 청정하고

실루엣으로 펼쳐진
새털구름 사이

노래하는 선녀들과
무리로 춤을 추는
천사들이 보일까 싶네

동장군

윗도리 부터
붉은 옷으로 갈아입고
화려한 미소 흩날리더니
먼발치 동장군 기침 소리에
옷가지 벗어 내리네

추위는 시나브로 다가서고
잎새 떨궈버린
여린 가지 몸서리 치는데
굵은 몸에
켜켜이 껴입은 목갑 옷
한파 견디려
암팡진 근육 내보이며
늠름한 모습이지만

휘몰아치는 찬 바람
쏟아지는 눈보라
한겨울 모진 추위
어이 견디려나

꽃상여

초혼의 하얀 옷자락
초가지붕 위
박꽃으로 넘실거리고

어머니 통곡 소리에
찾아오는 친척들
무너진 기둥 살피며 울먹이네

소 꼴 베던 논두렁에
버려진 나막신
장터 길 찾던 검정 고무신이
숨어버린 마당

꽃상여 앞잡이 큰 소리에
울타리 장미꽃은
너울거리며 흐느끼네

허리 굽혀 단장 짚고
아버지 헛기침 소리따라
상여길 뒤따르는 사부곡
아부지이-

나이만 쥐고 있어요

가져갈 물건 없으니
놓는 연습을 하라지요

출근길 지갑 놓고 나오고
지하철에 손가방 두고
핸드폰 식당에 놓고
우산 접어 세워놓고
빈손으로 오기를 반복하네

모임 장소
근처에서 못 찾기도 하지요

안경은 어디에 두었는지
모자 주막집에 놓고
자주 만나던 친구 이름
머릿속에 숨기도 하네요

칠순에 이르러
잊고 버릴 것 많아지는데
나이만 쥐고 있어요

응급실

철수는 철새처럼
옛 노래 지저귀며
낭만을 찾던 무명 가수

부지하세월 유랑자로
소소하게 살면서도
인간미가 좋아
찾는 지인 많았는데

뇌 속에 파고든
커다란 물혹 덩어리
폐에 주저앉은 알갱이가
응급실로 불러들였네

침상 네 모서리에
손발 얽매이고
울다 부푼 눈두덩이
흐리게 뜬 두 눈
눈물만 가득하네

새하얀 침대 위에
부초 되어
움직이지 못하네

조강자 시인

- ❖ 하늘의 별 따기
- ❖ 삼복
- ❖ 사라져 가는 전통문화
- ❖ 명상
- ❖ 가을 소리
- ❖ 세월속에 닮아
- ❖ 길 위의 인생
- ❖ 품앗이
- ❖ 소야곡
- ❖ 옥상 풍경

시와수상문학 시부문 등단
시와수상문학 작가회원, 공저 동인지 <세모시>

하늘의 별 따기

생 세포 하나둘씩
줄어 가는 노인
세월에 인지력도 떨어져
쥐 풀 방구리 넘나들 듯
의지처는 병원인데

의료 정책 우왕좌왕
병원 예약은 하늘에 별따기
앱을 통해야만 진료를 받는다
앱을 아는 노인 그리 많지 않아
디지털 속 세상은 요지경이다

주어진 시간에 수술 못 하면
잃을 수도 있는 생명
예약 없이 진료받을 수 있는
누리봄은 언제일지.

삼복

가을을 알리는 예보
조석으로 솔솔 바람
안젤로니아도 살랑살랑
나비 쫓는 초복

눈물 없는 매미의
이별 전주곡

오다가다
느닷 없이 만나는
시원한 게릴라 비

뒷걸음 하는
여름 하늘 돛단배
흔들리는 말복의 그림자

사라져 가는 전통문화

온 동네 경사 난 집 짓기
노인 아낙네 어린애
지경 밟아
달밤에도 엉그렁 덩그렁

마을 장인들 바위섬만 한
큰 돌에 동아줄 묶어
멜빵 어깨에 걸고
들었다 내렸다

발장단에 맞추어
누릅세 누릅세
에여라 지경이요
에여라 지경이요

뒷소리에 맞추어
누릅세 누릅세
에여라 자어라
에여라 저어라

명상

동녘에는
변하지 않는 공기와 물
생명의 원동력
호흡과 명상이 있다

거울에 비친 소중한 삶의 뿌리
63빌딩 위에는
인간의 조건 같은 그림자
한 조각 새털구름으로 흐른다

일생은
눈 깜짝할 사이에 날아간 화살
하루의 긴 꼬리를 접은 공작
노을 끝에는 춤추는 돌고래 연가

가을 소리

가녀린 바람 앞에
하늘과 말이 살찌는 풍년이 온다
아직은 푸른색 깃든 들판 위에도

이럴 때면
입던 옷 그대로 두고
휴대폰도 그대로 두고
발길 닿는 대로
빈손으로 가고픈
가을 손님 마중

풍성한 들녘 바라보면
홀로 걸어도
몸도 마음도 외롭지 않겠다

허기진 영혼 다듬어 주는
기름진 발자국들
허수아비 익어가는 헛소리에
농부들 배부른 가을의 소리

세월 속에 닮아

거울에 비친 내 얼굴
어머니 모습을 닮았다
아침을 깨우는 목소리
귓전에 울리는데

늘 상
상차림 하는 일상 속에
동동걸음
시간을 매달아 놓고
그 흔적 돌아다 본다

강산은 변해도
세상에서 제일 좋은
어머니의 발자국 소리

길 위의 인생

온 길 돌아가는
밝은 마음
둥근 세상

물이 얼어 얼음 되고
얼음 녹아 물 되듯

돌고 도는 시계 바늘
초침 분침 같은 세상

인생은 아마
파도치는 동화 속
걸리버 여행기

품앗이

한 동네
콩밭 매는
소담한 아낙네들 품앗이

떡방아 돌절구
이쁜이 쿵덕
돌쇠도 쿵덕

아버지 이마에도
아이들도
떡 한입 물고 쿵덕

각설이도 쿵덕쿵덕
동네방네 쿵덕쿵덕
쿵덕 이어라

소야곡

아리수 맑은 햇살에
은빛 날개 펴는
철새들의 하늘 만리

가을 이삭 한 울타리
고개 위 큰 바위섬으로
졸음이 밀려가는 오후

눈짓 아롱아롱
인생의 한 서린
단풍잎 하나
흔들려 날아간다

옥상 풍경

옥상에 가지 상추 심고
남은 빈자리 꽃씨 뿌려
발아한 싹 한밤 지새면
샘 솟듯 더 올라온다

맨드라미 분꽃 채송화 해바라기
동시에 심은 싹
들 쭉 날 쭉 제각각 모양새
작약 나무 접시꽃도 도담도담

훌쩍 큰 녀석들은 뽑아서
넓은 장소로 옮겨 심는다
시간을 넘어가는 옥상의 풍경

이병희 작가

❖ 가을 그리움을 담다
❖ 시간의 점
❖ 기억 속으로 한걸음
❖ 렌즈 속 꿈꾸는 계절
❖ 어쩌면 우리의 시간은 다르게 흐른다
❖ 여름과 노는 시간
❖ 켜켜이 쌓이는 시간들
❖ 슬프도록 아름다운

한국문인협회 회원, 시와수상문학 대외협력부장
수필 산행기 <산을 안고 바람을 안고>
골프타임즈 에세이 산행기 연재 중

가을 그리움을 담다

계절이 바뀔 때마다 서성거리게 된다
하늘이 높아졌다는 뜻이다

뜨거운 여름을 견디는 것도, 아름다운 가을 색으로
물드는 것도, 세상을 향한 사랑의 힘이다

감나무 가지에 어머니의 그리움이 걸린
하늘을 올려다보니,
어머니가 떠난 계절엔
어김없이 먹물 같은 마음으로 가을 앓이를 하게 된다

계절이 가을로 접어들 때마다 어머니와 함께 보았던
그 가을날의 풍경이 떠오른다.

시간의 점

아름다운 순간을 보면 카메라의 셔터 소리가 요란하다
매력적인 풍광들은 종종 새삼스럽게도
우리의 언어마저도 한계를 실감케 한다
그러나 사진은 어쩌면
다시 돌아오지 않을 생생한 순간을
제대로 살피는 일을 방해 할 수 있다는 것을
카메라 셔터 클릭 한 번으로 할 일을 끝냈다는
착각을 할 때도 있기 때문에
방해의 요소가 될 때도 있다는 것을 알게 되었다.

가을 속으로 한걸음

쌀쌀해도 하늘은 유난히 맑고, 푸르다
기온은 더 낮춘 바람이 코끝을 스치며
발길을 옮기라며 나를 깨운다

능선에서 반짝이며 하늘거리는 억새의 춤사위에
숨을 멈추고 바람의 소리를 듣는다
억새가 이렇게 아름다웠던가

억새의 찬란한 빛도 서서히 황금색으로 물들어가며
흘러간 옛 추억의 그리움도 함께 쌓이며 뒹군다.

렌즈 속 꿈꾸는 계절

잠의 깊은 계곡에서
물소리가 요란하다

꿈에서 깨어나는 아침
노래는 새가 되고,
산속의 공기가 나를 새롭게
통과하고 있다

저 멀리 산봉우리가
하얀 모자를 쓰고 있다
수평의 먹줄을 팅기며 번지는 기억들
시간을 벗어 두고 싶다

둥실 떠 있는 구름들은
과거의 소중한 추억과 시간처럼
조심히 흐른다

여름의 절정을 향해 달려가는 구름이
너덜 지대가 끝날 무렵에서 쉬어 가고 있다

구름 보는 시간이 늘어나 좋은 날이다.

어쩌면 우리의 시간은 다르게 흐른다

눈 감으면 제법 속 깊은 것이 보인다

나무가
새 소리가
물소리가
바람 소리가

나무가 나무를 읽고
새 소리가 새소리를 읽고
물소리가 물소리를 읽고
바람 소리가 바람 소리를 읽는 것이 가득한 밤이다

푸른 산의 깊이만큼 푸른 강물에 젖는다
내 것처럼 가까이 있던 너는 멀리 있고
무관심 했던 내가 가까이 있음을 알 수 있다

가득 채워진 점자책늘처럼
내가 나를 꺼내니 쓸쓸함이 아프게 다가온다.

켜켜이 쌓인 시간들

비가 내립니다
가을비입니다

마른 나무들이 서걱거리던
산에도 모처럼 촉촉하게
젖어 들었습니다

비를 내리고 있는 하늘은
잿빛으로 변하고 있습니다

청춘의 시절엔
잿빛 하늘에 적절히 녹아들었습니다

이유 없는 청춘이 어디 있을 라고요.

슬프도록 아름다운

산마다 붉은 진달래꽃이 필 때면
멀리 산능선에서
연분홍꽃 산벚꽃이 오래 된 그리움으로
꽃향기가 실려온다

그리움의 중심엔
흰 수건을 머리에 두르고 밭일을 하시던
어머니가 계신다

지금도 여전히 계절이 바뀌면
시간의 수레바퀴를 자주 거꾸로 돌아보게 된다

아직도 떨쳐내지 못해 힘들었던 지난날의 기억들
어디선가 들려오는 애끊은 노래의 가사말
애잔한 모습들이 산 산등성이에 내려앉듯
가슴에 쓸쓸하게 퍼진다.

여름과 노는 세상

아직 뜨겁지만 그래도 여름은 간다

산속 천년의 물줄기에
맘껏 실음을 토해 낸다

산천의 비경에 따라
쉬어 간다

이래저래 더운 여름이다.

김영미 시인

❖ 인디언
❖ 수맥 탐지자
❖ 그늘의 시간을 보다
❖ 도심 서원에 와서
❖ 별들의 유배지
❖ 의림지에서
❖ 구름의 서사시
❖ 연필을 깎다가
❖ 독도
❖ 소한

문예사조 시 등단, 한국문인협회 경기광주지회 9대지부장역임,
착각의시학 제1회 시끌리오문학상 수상, 시와수상문학 문학상,
시집<지렁이는 밟히면 마비된 과거를 잘라버린다> 공저<세모시2>

인디언

한때 나는 주술의 꿈을 찾기 위해
낯선 시간 속에서 헤맨 적 있었다

어둡던 현실을 외면하는 한낮의 몽유병을 앓거나
이름 모를 부족이 되어
태양의 나이를 헤아리는 샤먼이 되기도 했다

고산의 희박한 체온을 견디기 위해
모닥불을 피우거나
낯선 땅의 하늘을 동경하면서
한 마리 말도 없이 자동차도 없이
맨발로 거친 초원을 헤맸다

쉽사리 사위지 않는 모닥불 속에서
밤하늘 저쪽 별들의 예언을 살피는 일
긴 장마가 찾아올 때마다
죽음은 순서 없이 불타 사라진 별을 찾아
더 멀리 떠나갔지만
아무도 그 행방을 염려하거나 얘기하지 않는다

돌을 길어 올려 제국을 만들고도
몇 줌의 침탈에 멸망하였지만
바람 소리 들어보라 대답해 줄 것이니
별들을 보아라 답을 얻을 것이니
오랜 세월 길을 찾는 유일한 방식을 안다

몇 모금의 주술을 피워 올리거나
모두 하나 되어 온몸 흔들며 춤을 추면
신명 난 춤사위에 별들이 내려와
혈과 맥을 통해 쿵, 쿵쿵쿵 뛰어다닌다

소년의 영혼과 살별들 숨소리가 어우러지는
그 푸른 혼의 힘을 훔치는 우주의 샤먼이 되고픈

수맥 탐지자

컴퓨터의 블랙홀에 홀릭 되는
그의 가슴에서 모래바람이 인다

콘크리트 빌딩 숲에 갇힌 낙타는
월급봉투의 숫자에 갇힌 비좁은 틈새로
가물거리는 오아시스를 찾는다

어떠한 비도
그의 목젖을 적셔주지 못했으나
어느 날의 수행자는
그의 갈증을 노마드의 시작이라고 명명해주곤 했다

비가 되지 않는 구름의 소문 저쪽
땅이 갈라지고
새들의 행방이 길을 바꾸는 곳
태양을 달군 길에서 쓰러지곤 하는 모랫길을
그는 걸어왔다

그의 손가락으로 타전하는 신호들이
더 이상 길을 찾지 못한 어느 날 오후

비로소 땅속 습기를 찾던 나무의 이파리가
그의 손에서 천천히 움직이기 시작했고
사람들의 건조한 눈빛에서 생기가 돌았다

나무를 세워 쿵쿵 땅속의 안부를 살피는
그의 눈에도 물기가 돌았다

그늘의 시간을 보다

칠사산 속을 산책하다가
문득 눈에 띈 버섯무리
현란함으로 보아 독버섯임에 분명하다
노란빛 혹은 형형 색채 속에서
독성의 날들을 보낸다는 것
썩거나 죽은 나무의 그늘을 섭취하며
햇살의 반대편을 느린 생애로 버텼으리라

내 안의 사랑도 그랬을 것이다
넝쿨처럼 뻗어와 칭칭이 마음을 흔들어
백지와 먹물이 뒤섞인 젊음의 뒤안길에서
나의 사랑도
이지러진 상처들을 보호하기 위해
독성의 은신처를 빌려야 했으리라

사랑은 독이다
아니 내 안의 느린 시간을 보호하기 위한
썩은 양분들이다
습기 찬 계절 속을 서성인다는 건
얼마나 찬란한 발효의 독성이던가

나는 그늘들의 시간을 지우고서
밤의 입구
이슬들이 몰려오는 또 다른 감촉들에게
귀를 적시기 시작한다

도산서원에 와서

하회(河回)마을을 안고 도는 마음을
강은 우리보다 먼저 알고 있다
세월보다 먼저 광음(光陰)이
낡은 빗장 뜯어낸다

오행의 안쪽을 들어설 때마다
기의 흐름을 알아채는 것일까
먹물 빠지지 않은 오죽(烏竹)이
서원 곁을 지키는 봄날 한때

기억 뒤편의 선비 생애를 따라 서성인다
그 시절 젊은 선비와 나누던 서신들과
정처를 찾지 못한 연못의 잉어는
꼬리가 물 밖을 향해 있었을 거다

태극의 흐름보다 강물의 흐름으로
사람 형태의 기를 받드는 일
하늘의 높이와 땅의 깊이를 측정하는 일은 쉽지 않다
강당의 열기는 용마루를 뚫고 용머리를 처들어서
용트림으로 갯버들을 휘감았을까

사람의 도가 하늘이요
사람 노릇을 해야 사람이라는 가르침
과거장 시제는 아직도 남아 있어
서원의 현판 보다 빛나는데

퇴계 선생이 가리키는 손가락 끝에 무엇이 보이는가
하늘과 땅이 하나가 된다.

별들의 유배지

매미 소리는 한여름의 간이역이다
살아있는 자는 누구나 울음을 되새김질 한다

골목을 잘못 들른 더운 열기가
담장에서 빠져나가지 못한 오후
가파른 계단 위 옥상에 오르니
후미진 공간엔 별들의 숙소가 있다

그곳에서 밤하늘을 열면
일시에 몰려들던 눅눅한 공기가
숨 가쁘게 넘어 온
한낮의 현기증을 두드린다

풀리지 않는 의문들은
원근법도 없이 옥탑방에 든다
몇 모금의 소주잔 속에서
잊고픈 깊이로 갈 앉으려 해도
뙤약볕 잔상들만 저문 방에 가득하다

누군가가 회색 벽에 갈겨 쓴
태양은 죽었다'란 낙서와
긴 동거를 하는 동안
전세에서 월세로 바뀌었다

서쪽으로 몰려가는 쓸쓸한 매미 소리
거리 저쪽의 나무는
잎들의 퇴로를 위로하듯
노을을 걸치기 시작한다

나는 창을 열어
후끈 달아오른 열기를 내보내며
별들을 끌어안는다

의림지에서

패랭이꽃 가파른 의림지에 오르니
낮은 곳을 헤매던 바람이
자줏빛 휴식에 들어 물은 고요하다

아예 구름에게 돌아가
고요의 의궤儀軌를 쓰는지
미동도 없다

물을 쌓는다는 것은
구름에 대한 책무일까
한 나라의 성덕일까

가난의 슬픔을 승화시키려
역사 속에 숨어서 비를 맞거나
우륵이 쌓고 정인지가 보수했다는
견고한 둑길을 걷는다

바람이 흔들고 간
저수지 갑문을 들여다보며
솔빛 젖은 의림지에서

백성을 살피던 마음을 읽는다
물 고인 자리에 구름 들고
구름 지나는 자리
저수지 물빛이 내 그림자를 품는다
하늘은 가슴 열어 누리를 적시고

구름의 서사시

유월은 새들조차 귀를 닫는다

골방에서 쓰다만 편지지에
뒤늦은 비의 추신을 적고 있거나
곰팡이 사생활을 들춰 보던 은신의 날들도
손전화 속 무음으로 잠근다

불시착한 구름이 수시로 드나들던
거리 저쪽의 우산들
숙연하게 달리는 차들은 조등을 밝힌다

호국영령 날개를 접은
지상의 날들이 침묵하는 사이
새는 진즉 떠났고
밤새 서성이던 걸음을
빗소리에 새겼을 장마는
고단한 태양을 재우는 경전이다

젖은 길목에서 비의 추신을 들추자
침묵하던 문장들이 날개를 퍼덕인다

푸른 선혈로 고국 산야를 적시던
그날의 서곡처럼
분단의 벽을 타고 흐른다

골 깊은 이념의 봇물 터놓을 듯
하염없이 내리는 비
땅을 적시기 전에
하늘이 운다

연필을 깎다가

집안의 저문 일들은 아버지 몫이었다
안방의 불빛이 먼저 뛰쳐나왔고
첫째의 호기심 어린 눈길에 그어진
성냥개비 하나가 마루의 유리 등잔을 깨우고야
밤의 첫 관습이 열리곤 했다

구석구석 허기진 어둠들이
등잔 가까이 고개를 디밀었지만
곧 내 졸음의 뒤란으로 밀려나는
그 깊고 푸른 지상의 날들 속에서
세월의 남루한 그늘을 밝히던 아버지는
존재만으로도 든든한 등불이었다

어쩌면 내 지문에 갇힌 햇살의 파편들은
막장 속에서 태양을 등지고 살아온
아버지 삶의 역광일지 모른다

저녁이면 묵묵한 사랑으로 깎아
가지런히 필통에 넣어주던
그 단단함 속 푸른 연필심은

내 삶의 모퉁이마다
연둣빛 방점이 되어주곤 했다

오늘도 오래전 향나무 연필을 만난다
아버지의 칼끝이 찾아내던
따듯한 우리들의 하루와
녹슨 등잔불 밑의 가족사

나는 조용히 기억의 한편에서
연필 하나 꺼내어
주소 불명의 아버지께 편지를 쓴다

독도

조간신문 속에서도
석간신문 속에서도
역사의 행간을 놓친
독도의 출처가 모호하다

가끔 물새가 날아오르면 파도가 타전한 듯한
낯선 소식이 그 영토다
나는 그 섬이 그리울 때마다 도서관에 들러
제국의 침략역사를 대출받거나
내 젊은 시절의 끝
불면이 깊을수록 더 일찍 깨던
푸른 비망록 한편을 열어볼 뿐이다

살다 보면 봄날은 간다
세파의 파고 너머에서 보일 듯 말 듯
독도도 나의 젊음을 기억해주지 못 한다
언제부턴가 독도가 울면
나는 도시 저쪽의 박물관에서 유물을 탐색하며
근시안을 벗어날 비상구를 찾는다

세파에 희미해진 활자를 접어놓고서
부리나케 거실 한 편
오래전 잃어버렸던 내 젊은 시절의 채널,
독도를 켠다

고문서에 묻힌 망각의 페이지를 애써 재생시키며
놓고 온 망망대해 저쪽의 푸른 항변을 기억하는 일
독도, 독도는
역행할 수 없는 역사의 수레바퀴다

소한

 저녁이 열리자
가마솥 하나가 어머니의 훈계를 들으며
바빠지기 시작한다

사랑채에선 할아버지 헛기침 소리가 쿵쿵 울리고
누가 먼저랄 것 없이
맛의 안쪽을 상상한 군침 한 모금을 삼켰다

세상의 모든 호기심은 함부로 숯이 되어선 안 되는 일
소한을 만나
어머니가 푸른 연기 속에서 엿을 고고 있다

며칠 게으름에 빠진 방학숙제는 어떻게 줄여야 할까
한낮에 구멍 낸 스폰지 잠바의 비밀은 어디까지 갈 수 있을까
아무리 줄이려 해도 줄여지지 않던 걱정 너머에서
어머니의 훈계는 점점 더 분주해지고

앙금이 되지 않고는
더 이상 단맛이 되지 못하던 한겨울 풍경
그 시절

겨울의 한복판에 들어설 때마다
나는 거대한 가마솥과 만난다
고민의 반대쪽 치아 하나가 다 넘어갈 쯤이면
증조할아버지의 제사가 지나치는
그 알 수 없는 풍습과
뒤란 댓잎들이
흰눈에게 푸른 상처를 그어주던
한낮의 풍경 사이에서
어머니가 겨울의 끝
더는 숯이 되어선 안 될
단맛의 안쪽을 뒤적이는 것이다

할아버지 헛기침은
한겨울 고요와 떨어지지 않았고
엿은 한겨울을 위로하는 아교였다.

**태라
이선옥 시인**

- 그 바닷길에서
- 층간 소음
- 실종
- 장마
- 사람 그 끝
- 돌탑을 올리며
- 가을역에 내렸습니다
- 어느 늦가을 꽃을 잃어버리고
- 물무늬 아롱지는 바다에 던졌다
- 선(線)

태라 본명: 이선옥 2022<문파문학> 시부문 등단
서울 사이버대 웹문예창작학과 졸업, 국제펜 회원, 시와수상문학 이사,
시집 [나의 환절기愛] [바람이 되려고 가는 길에]
시산문집 [바람 소리가 보여]

그 바닷길에서

내가 울면
실팍한 등에 어린 나를 업고 바닷길을 걸었던
양 갈래머리의 큰 언니

모래 위에 앉아 먼 수평선을 바라보다가
콧물 닦아주며 나를 달래던
방파제를 닮은 큰 살림꾼

치솟은 파도 위에서 시퍼렇게 멍든 마음
포말 되어 부서져도
맏이라서,
아파도 아플 수 없었던
거스를 수 없어 눈물은 가슴에 숨기고
바른 물길을 열어 보이며
거울을 이고 산 여자가

흐뭇한 어머니의 미소를 데려와
구수한 생선구이 밥상을 차리는

하얗고 짧은 파마머리의 파도 꽃 여인
그 바닷길에서
굵어진 내 손을 만지고 있는

휘어지고 가냘픈 큰 언니의 등에는
오래된 가구처럼 아직도 내가 업혀 있다

층간 소음

층층이 복제된 칸막이 속
두꺼운 벽을 뚫고 투명 인간처럼 소음이
무작정 방문해요
소음은 그저 사람 사는 소리일 뿐이라며
당연한 듯 전신에 스며 퍼져요

환풍구로 기어올라 와 하품하는 담배 연기의 아침,
아래층 거실을 공사하는 런닝머신, 멀리서 아득히
바이엘을 치며 짖는 개, 발에 망치를 달고 매트 위에서
뛰는 아이들, 가늘게 쪼로로 흘려 떨어지는 샛노란
피로(疲勞), 고요 속에 퍼지는 한숨, 그 위로 얼근하게
취한 트로트,

ARS 안내방송
뛰지 말고, 낑낑대지 말고, 피우지 말고, 쉿 하세요

모두 아닌 척 흘려들으며,
흉기 든 피의 전쟁만은 피하려고
창백한 무표정과 끓어 넘치는 스트레스는
쓰레기통에 던지고
"덕분에"를 주머니에 우겨 담아요

어느 날에는
그리워할지도 모를 소음과 헤어져
적막하고 외로운 공간으로 이사 갈 우리에게

소음은
엘리베이터를 타고 각층에 바쁘게 내려요
그저 사람 사는 소리일 뿐이라며

실종

어슴푸레한 형상만 비출 뿐
불빛 한점 없는 미로 같은 숲에서
배회중인
꽃무늬 잠바, 몸뻬 바지, 짧은 흰머리, 낡은 운동화의
서치매씨(95세)
그녀를 찾습니다

거절하지 못한 오만가지 의무와 도덕을 입고
남을 위해서, 감정을 억누르며 시간을 다 써 버린
바보 같은 그녀를 찾습니다

다가온 끔찍한 고통의 시간들로 주변을 힘들게 할까 봐
스스로 십자가에 못 박힌 채 나가버린
아름다운 그녀를 찾습니다

자신이 사라지면 모두가 편한 일상을 가질 수 있을 거라는
착각의 숲에서
배회 중인 그녀를 찾습니다

손목에
이름과 주소, 연락처가 문신으로 새겨져 있는
그녀를 찾습니다

장마

빗방울 떨어지는 소리에
지나는 여름 장마가
왜 이리 쿰쿰하고 슬픈지

무겁게 며칠을
멈추지 않고 내리던 서늘한 비
지하 터널 숨 막히는 물속에서
핏빛으로 다가와
깊은 수렁으로 빠져
되돌아갈 수 없는 삶의 흐름에 갇혔다

떨어지는 일이 숙명인 것처럼
빗방울이 바닥에 곤두박질치는
이 순간,
비는 먹구름에게
먹구름은 바람에게
서로의 잘못을 떠넘기며
얼마간의 자비마저 쓸어갔다

눅눅한 습기로 온몸을 짓누르는 장마
어느 때 장마보다
더 아픈 비가 세차게 내리치며
곰팡이 바닥 들어 올린다

사람 그 끝

넓은 바다 위
배를 타고 있었습니다
일렁이는 빛의 살기에
소금기 얹어 벗겨지는 세포 거죽이
한 꺼풀씩 떨어져 흔적도 없이 날아갔습니다
시퍼런 물살에
배가 뒤집힐 듯 휘청거리거나
삼킬 듯 덮치는 파도에
휩쓸려 갈 것 같은 일은 늘 있었습니다
수평선이 멀리 있어서 끝이 없을 것 같았지만
시간을 다 써버린 누군가는 바닷물에 던져지거나
배 안에서 견디기 힘든 이는 뛰어내리기도 했습니다
울다가도 배가 고프면 밥을 먹고
웃다가 잠이 들어도
문득문득 점보다 작다는 생각에 잠겼습니다
상상 속 우주를 내려다볼 수 있는
이치를 깨달은 노인이 되었을 즈음
배 안의 사람들은 사랑이란 것으로
대부분 지탱하고 있는 걸 알았습니다
사랑이 비어버린 자리에 무지개를 그려 넣던 나는

눈앞으로 점점 선명하게 다가오는
저 바위섬 지날 쯤에는
파도의 포말처럼 가루가 되어 사라질 거라
헤아려졌습니다
흔적도 없이

돌탑 올리며

걸음이 저절로 느려지는 백담사의
깊은 고요가 있는 계곡에서 돌탑 올린다

돌고락돌고락
알맞은 모양 찾아
참회하는 마음 얹어 가만가만 올리는 돌탑

아집으로 어리석었던 돌 하나
무르디 물러서 답답했던 돌 하나
이리저리 흔들렸던 돌 하나

염원하는 것보다 먼저 떠오른
한숨 같은 것들 올려놓다가
내 뜻대로 삶이 되기를 바라는 욕심을 버리자 하고는
맨 꼭대기에
깊어질 대로 깊어진 이 가을의
마지막 깨우침 공(空) 하나
조심스레 올린다

납작한 돌 하나 얹어 놓는 일이
구불구불 올라온 백담사 길보다 더 아슬하고 어렵다

하얘진 머리카락은
자비로운 바람에 날리고
백담사 뒤뜰에서 보았던 마른 은행잎 하나
어느새 날아왔는지
돌탑 밑 계곡물 위에 몸을 맡긴 채
흘러가고 있다

가을 역에 내렸습니다

골목길 따라
오후 볕에 핑크 분꽃이 활짝 피어 있는
가을 역에 내렸습니다

마지막 날인 것처럼 쏟아진 비에
홍수가 된 길을 겨우 건너고
갈바람에 채 자라지 못한 풀잎마저
더위에 시들시들 녹일 듯 뜨겁던 태양이
선선하게 누그러진 가을 역에는
분꽃이 흔들릴 때마다
가슴 안에 담아 두었던 두근거리는 그 무엇이, 나를
파도처럼 일으켜 세웠습니다

잊고 살았던 설레임
새들을 피해 억새 숲에 숨어 입맞춤을 하고
허수아비 보고 놀라 달아나던 그림자가
남아 있었습니다

점점 깊어지는 고독으로 실컷 단풍 들 일만 남은
가을역

발그레한 분꽃처럼 달빛에
있던 그 사람, 다시 만날 수 있기를 꿈꾸는
가을 역에 내렸습니다

어느 늦가을 꽃을 잃어버리고

자세히 보지 않으면
눈에 띄지 않을 작고 늙은 흰나비
먼지를 잔뜩 뒤집어쓴 채
유리 벽 너머 꽃들이 놀고 있는 들판을
멍하니 바라보며
시골 버스 정류장 딱딱한 유리벽에
무얼 기다리는지
죽은 듯 고요하게 붙어 있다

멀리 산 아래부터 정류장까지 들판에 펼쳐진
국화, 코스모스, 이름 모를 야생화들
조금만 옆으로 비껴 날면
어느 꽃에서든 단꿀을 먹을 수 있고
언제나 목을 축일 수 있는 이슬이 숲에서 유혹하는데
어쩐지 나비는 관심이 없고
버스가 와서 문이 열릴 때마다
기다렸다는 듯
겹눈 크게 뜨고 누군가 찾고 있다

들판을 벗어나
도시 축제에 놀러 갔다 오겠다던 어린 나비가

어느 늦가을 밤 버스 타고 간 후로 돌아오지 않고,
짓눌려 별이 됐다는 소식을 믿고 싶지 않은
늙은 흰나비에게
꽃이 있는 들판은 이미 죽어 있다

버스 오는 소리에 겹눈 크게 뜨고
혹시나 하고 기다리다 굳어버린
자세히 보지 않으면
눈에 띄지 않을 작고 늙은 흰나비

물무늬 아롱지는 바다에 던졌다

들었다
혼자가 된 날
뒤척이는 이불 아래
숨 삼키며 터지는 어머니의
고요한 울부짖음을

님을 보낸 아픔에 날개 접힌 듯
덩그러니 세상에 내던져진 어머니
자신을 돌볼새 없이
부서져 버린 육신 끌어안고 잠을 청하는 날이면
붉은 독처럼 깊이 패이는 고독에
별을 가슴에 품고 밤과 새벽 사이를
뜬눈으로 잇곤 했다

지옥의 문턱을 오가며
걱정의 사슬에 묶인 채 살아 내고
서러운 낙엽 부서져라 내달리는 바람 속에서
혼곤한 낮잠으로 몽롱해진 날, 어머니는
흙 속에 묻어 둔 편안을 찾아냈다

굴곡진 주름 속에 심어져 있던 별을
빛을 풀어 놓은 듯 물무늬 아롱아롱 부서지는
바닷물 속으로 힘껏 던졌다

숨 삼키며 터지던 울음이
파도에 넘실넘실 떠올랐다가
빛으로 흩어지는 바닷가에
하염없이 앉아 있는
어머니

선(線)

소금 파도가
나지막한 돌담을 넘어올 때도
네 집 내 집 소금기를 닦아주던 바닷가 마을

해무 자욱한 어느 날
대륙에서 온 먼지바람 속에
사소한 의구심과 하찮은 욕심이
태풍처럼 마을을 덮었다

두 집 마당을 가로지르는 선(線),
한 치의 땅도 양보하지 않는 선(線)으로
서로에게 담장이 쌓였다

하늘 끝까지 자로 잰 듯
두 집 사이의 시름만큼 무뚝뚝하게 갈라선
높은 담장

담장의 어깨에 쉼 없이 부딪치던
가슴속 파도 사이로
물고 있던 거품을 풀어내려는 여린 손 짓이 있다

높은 담장을 사이에 두고
훌쩍 자란 나무들끼리
서로 닿을 듯 말 듯
가녀린 잎끝에 땅속 깊이 잠수한 정을 매달고
살랑살랑 내젓고 있다
예전처럼
아이의 아이들이 넘나들 수 있도록
마주 보며 밥을 나눌 수 있기를
바라는 듯…

김경자 시인

- ❖ 60년 만의 고향길
- ❖ 단풍 님
- ❖ 그리움 된 엄마
- ❖ 이제 그만
- ❖ 빠비꽃
- ❖ 또랑집
- ❖ 성산 가는 길
- ❖ 이별
- ❖ 가을 이젠 아니다
- ❖ 세월

시와수상문학 시 부문 등단,
시와수상문학 작가회원, 공저 동인 <세모시>

60년 만의 고향길

소꿉친구 만나러 가는 길
차창 너머 굴뚝 연기
우릴 부르고

옹기종기 모여 정겹던
대나무밭 초가집은
어디로 갔는지
인생의 추억들 안고
세월 돌아 고향에 왔소

학교 가는 길에 서서
우릴 기다리던 소나무는
60년을 서 있었을까

시냇물 언덕배기 산모퉁이
그대로 있네
소꿉친구들 세월에 ᄂ습 변하고
추억 떠올리며 동심의 모습은
어디로 갔을까.

단풍 님

산모퉁이 돌고 돌아
시냇물 졸 졸 졸
목마른 내 입에도
물 한 모금 졸 졸 졸

언덕배기 양옆에
붉은 감이 주렁주렁
알록달록 단풍 님
이별이 서러워
가지에 매달려 있네

화려한 단풍의 이별인가
보이지 않는
바람 소리
나무가지 흔들며
영영 이별이런가

그리움 된 엄마

찔레꽃 꺾어
머리에 꽂아주고
줄기 벗겨
입에 넣어주던 임

그곳에서 잘 계실까

좋은 것 만난 것 모두 주고
잘되라고 기도하던 모습
보이지 않네

지금은 텅 빈
엄마의 방

이제 그만

깊은 밤 우뢰 소리
귀 번뜩
화창한 날 시샘으로
부지런한 봄비

부끄러워
밤중에 오는 것일까
빗방울에 손짓하며
무지개 뜨는 노을 그립다

삐비꽃

무심히 가는 길
나를 반기네

꽃 수술 달고
언덕배기 도랑가
거기 네 고향 아니었는가

잃어버리고 살았던
인생길 친구들과
뛰놀던 시절

다시 올 수 있다면.

또랑 집

아무도 없는 곳
어머니 음성
그리워 여기 왔소

마당 한가운데
도랑물 흐르는 집

형제들 웃음소리
아직도 왁자지껄 하는데.

성산 가는 길

흠뻑 젖은 바지가랑이
휘 집고 들어와
동행하는 하루살이

이슬 젖어 무거운 운동화
그림자 되어 뒤따른다

하루도 못 사는 놈
질기기도 하다.

이별

이별
아닐지도 모른다

화려한 작별 후의
아픔

언제 만날 수 있을까
가 없는
슬픔이든
기쁨이든

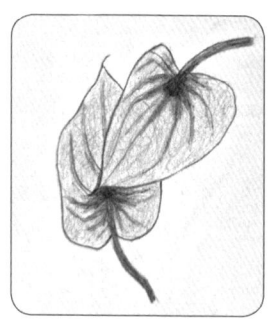

가을 이젠 아니다

허공에 뿌리 내린 갈대
구름으로 하얀 수염 달고
어디로 가는가

습관처럼 떠나는 벗이여
낙엽은 이별 티켓이 아니라네

끝까지 기다렸다가
첫눈 내리면
그때쯤 일어나 움직일라네

이별과 인연
살아보니 암수 한몸 이더이다.

세월

예전에는 몰랐었네
세월 이렇게 빨리 가는 줄

쉬면서 좀 천천히 가자

두 번 다시 오지 않는
내 청춘 떠나기 싫어

고왔던 얼굴 주름살로 만들어놓고
지나가는 세월아
천천히 가자

저편에 떠 있는 뭉게구름아
너는 아느냐
세월이 가는 그곳을.

임영서 시인

- ❖ 별로 태어난 우주
- ❖ 아닌 척하지 않기
- ❖ 소풍
- ❖ 꿈을 향해
- ❖ 지금이 가장 젊은 시간
- ❖ 계절이 지나는
- ❖ 한 번쯤
- ❖ 청국장
- ❖ 도시로 간 꽃
- ❖ 첫눈

시와수상문학 시부문 등단, 시와수상문학 작가회원

별로 태어난 우주

별이 가득한 어느 날
희망을 안고
우주가 내려왔다

낮에는 햇살처럼 찬란하고
밤에는 별보다도 더 빛나던 너

모든 것이 너로 시작되고
너로 인해 사랑도
기쁨도 슬픔도 있었다

서른일 곱해
많은 것을 주고
어느 날 갑자기
우주가 사라졌다

말도 없이 손을 놓고
홀연히 가 버렸다

먼 하늘에 새로운 별 하나 태어났다
내 가슴에도 작은 별 하나 묻혔다.

아닌 척하지 않기

힘들면 그냥 쉬어
아무것도 하지 말고
내일 일은 내일 생각해

울고 싶으면 소리 내어 울어
보고 싶으면
큰 소리로 말해

밤하늘 어딘가
별이 된 너
그 하늘을 향해
소리 내어 불러 본다

먼 훗날
찾아갈 거라고
그냥 그 자리에 있으라고

그립다
보고 싶다
나의 별 나의 사랑

소풍

비 내리면
소풍 못 간다는 선생님 말에
창밖 하늘을 보다 잠이 들었다

달그락
김밥이 그만
일어나라 속삭인다

밥 먹고 가라는 엄마의 말
가방에 담고
뭉게구름 산들바람에
양 갈래머리 날리며
폴짝 소풍 길을 나선다

이제는
아이의 소풍을 준비하는
엄마가 되어 있는
어렸던 나

꿈을 향해

이 순 지나
사이버 대학생 되어보니
자랑스럽고 빛나 보인다

공부를 하려니
네모 상자에서 나오는 강의가
이해도 안 되고
교안에 설명을 적는 손은 느리고
교수 말이 수면제인지 눈이 감긴다

팔 베고 누워 무심히 지나는
구름을 보다가 일어나
다시 상자를 열고

이루고자 하는
꿈의 무게를
작은 한숨으로 닐리고
사각모를 쓰는 그 날을 위해
교안을 열고
네모 상자와 밀당을 한다

지금이 가장 젊은 시간

매미들이 순간 사라졌다.
구름도 바람도
어제 보다 무겁다

시간은 그저
모른 척 지나가라고
슬쩍 길을 내어 준다

바람이 지나는 햇살에
단풍으로 변하는 이파리들이
아프게 느껴지는 것은
가을이 지나면
나이의 뒷자리도 바뀌어서일까

그래도 괜찮다 지금 이 시간이
가장 멋지고 아름다우니까

계절이 지나는

여보게
바람이 지나는 노상 찻집에서
얼음뿐인 커피를 마주하니
비를 기다리는 나무의 목마름이 보이네
한줄기 세차게 비라도 내려 준다면
나무도
나도
참

거칠고 힘든 계절 지나느라
수고 한 짐
잠시 내려놓고

구름이 머무는 곳에서
시원하게 곡주라도
한 잔 하세 그려

한 번쯤

어쩌면 스치듯 만날 수 없는
평행선의 기차길

잡힐 듯 잡히지 않는
움직이는 구름

어딘가 있지만
보이지 않는 별들

아프게 보고픈
깊은 그리움
이 또한 지나가리니

한 줌
손거울에 담아 본다

영원히 볼 수 없는
나의 얼굴을

청국장

어스름 저녁
애호박 신김치
청양고추 두부
사랑 행복 웃음도 한 줌 넣어
작은 뚝배기에 보글보글

갑자기 울리는 인터폰
꼬리한 냄새 난다고
민원 들어온다고
관리소에서 온 연락

이런 삐리리리리

소박하고 맛있는
널 지켜주지 못해 미안하다

안녕 청국장

도시로 간 꽃

쉬고 있는 비둘기 머리에
내려앉은 홀씨 하나

도심지 작은 돌 틈에
홀씨를 털어내고 날아오른다

돌 틈에 뿌리 내리고
싹을 틔워 가는 홀씨 하나

하얀 민들레꽃으로 피어나
홀씨가 되어 날아가고 싶다

아프다
민들레 싹은 어느 사이
자신도 모르게
흙으로 스며들었다

첫눈

스무 살 언저리
첫눈 내리면 거기서 만나자
친구와의 약속
세월 따라 잊어 갔다

예고 없이 내린 눈에
미끄러질까
걷는 사람들을 보며
스치듯 생각나는 약속
마음은 아직 청춘인가

작은 찻집에서
흩날리는 눈을 보며
향기로운 차 한잔에
그날의
그 약속 생각난다

전재숙 시인

- ❖ 잎사귀 하나
- ❖ 달에 관한 명상
- ❖ 후회
- ❖ 꿈
- ❖ 가을 앓이
- ❖ 푸른 밤
- ❖ 담쟁이넝쿨
- ❖ 민들레
- ❖ 첫눈

서울사이버대 문예창작학과 재학 중
시와수상문학 시 창작 수강 중

잎사귀 하나

잎사귀 하나 떨어져
들여다보니
시인이라 말하네

가을이 아름답게 떨어져
가지에서 멀어지며 말하네

사랑하는 그가
왔다 가는 것은
세월이라고

그대 언제 떨어질지
알 수 없으니
아리도록 모은 호흡 하나로

매 순간 삶에도
고운 물 들여 살라고.

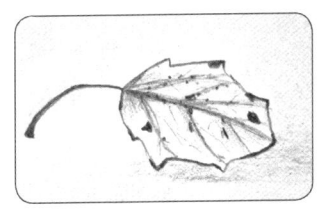

달에 관한 명상

완벽해야 빛나는 건 아니다
온전해야 빛나는 건 아니다

너는 너의 안에서
나는 내 안에서
언제나 빛날 수 있는
달 하나씩 가지고 있다

겉으로 보이지 않는
크고 단단한 자아의 달빛

완벽하고 온전하지 않을 때에도
언제나 반짝이며 빛나는 모습을

후회

사랑의 날들을 미루고
코로나 시간에
잊고 살던 날들

차가워서
바라보지 못하던 그 시간들
서로를 용납하지 않았던 그 날들

기대와 후회로 미루었던
인간관계들을 정리해 본다

사는 일은 그럴 수도
그렇지 않을 수도 있기에

꿈

한때는
누군가 원했던 간절한 기도들은
지금 손 모은 네게는 영원이 된다

떠난다 해도
원을 그리며 다시
돌아오는 세월

그 안에서
분자의 일부가 되어
꿈으로 다시 깨어나는

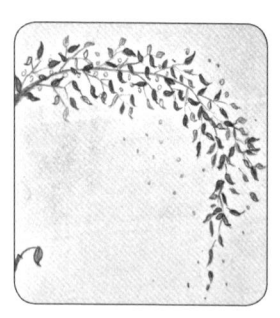

가을 앓이

이 계절 어찌 지내시는지
가을이 짙어 가네
비어 있는 하늘 끝으로
서리에 떨고 있는 바람

가슴을 베이지 않을 만큼만
이 가을 이 정서에 맞는
깨달음을 주시길

붉은 그대 가슴으로
다시 보여 주시기를

새벽녘 그대 두고 간
가을과 함께
익어갈 수 있도록.

푸른 방

시간을 불러내면 따라 나오는
먼 기억의 조각들

지나온 시간 속을 들락거리며
스치듯 지나간 낯선 누군가
만나기도 했던

일상이 모여 삶의 강줄기가 되고
젊은 시간 한가운데 서 있는 지금

행복과 즐거움을 만들어 내는
마법의 세월들

쏟아지는 시간에 섞이어
또 하루 인생이 지나간다

시간이 저장된 방은
언제나 푸르렀다는 듯이.

담쟁이넝쿨

온 몸 발이 되어
비좁은 담벼락을
촘촘히 매우며
꿈을 향해 오른다

포기를 모르는
불가능은 없다는
집념으로
믿음으로

흙에 꽂힌 실핏줄
엉킨 줄도 모르고
어머니가 품은 첫 잉태의 소리처럼
오르고 또 오른다

푸른 꿈
푸른 하늘을 향해.

첫눈

멀리서 머뭇거리기만 하고
기다려도 쉽사리 오지 않는데

와서는 또 잠시 있다가
흔적도 없이 떠나는 너

남는 것은 오로지
젖은 나뭇가지에 녹아 있는 후회

그래도 네가 오는 날은
좋다.

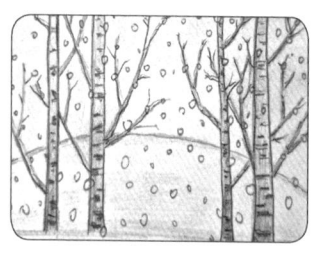

민들레

날개 깃털 가벼운 잎
들녘에 피어

낮은 땅 위에 발 뻗고
곧은 심지
가슴에 드리우고
곱게 핀 민들레

이름 모를 들풀 속에
뜯겨도 짓밟혀도
다시 고개 드는
환희의 삶

온 세상을 밝히네

박소향 시인

- ❖ 빈 공간의 자유
- ❖ 바다의 혼
- ❖ 가을 느낌
- ❖ 오이도
- ❖ 유토피아
- ❖ 나의 시 나의 편지
- ❖ 상실의 온도
- ❖ 은장도
- ❖ 그리운 석양
- ❖ 창밖은 바람

한국문인협회/과천문인협회 회원, 종로문인협회 이사,
시와수상문학 발행인/ 출판 지식과사람들 대표. 시집<바보가 되어도 좋았습니다..><分粉>공저<세모시> <독도에서 온 편지>등, 시와수상문학 공로상·문학상/ 쌍매당이첨 문학상

빈 공간의 자유

부추꽃 숲 어딘가에서 불꽃이 튄다
몸 사리던 저녁이 슬슬 연기를 피워올리면
차가운 별도 실체를 드러내고
부질없는 마음만 흰 마당을 더듬겠다

먼지가 된 재들이 허공을 비우고 가버린 뒤
환생하지 못한 별들만 떠도는 하늘
무엇인가 매듭짓기 위한 존재의 유한성에
용서를 하나 더한다면 나의 밤은 행복할 수 있을까

허겁지겁 고립을 먹어 치운 후
죄 없는 너를 향해 눈을 흘기다가
죽어버린 꿈의 시체처럼
절실한 낙엽의 전설 속에 섞인다

돌아오지 않는 것 버려진 것들만
슬픈 지상으로 떨어지는 이유 있는 이 공간에.

바다의 혼

바다여
온 영혼을 짜내어 울게 하던
짙푸른 아집의 빛깔이여

깊고 깊은 내장의 수맥을 터트리며
질곡(桎梏)의 혼마저 처절하게 부수는
네 머리맡에서

오늘도 나는

탁류(濁流)에 혼합된 서투른 발음으로
허름한 약력의 외음부에 달라붙어
뜨거운 물빛 언어를 배양하고 있다

오열을 끝내고 기다림을 멈춘 땅
푸르게 응집된 그 한쪽 가슴에 기대어
빗나간 자아를 수장시키며.

가을 느낌

조금만 부족해도
마음의 문을 닫는 이기적인 고독도
즉흥적인 몸짓으로 완벽을 추구하는 가을
때로
이루지 못한 사랑의 결말을 제 살갗 위에 쏟아붓고
알몸으로 돌아서는 심화 된 작별은
차라리
흐린 가을 저녁만큼 매혹적이어라
화려한 러브레터의 지나간 고백도
허황한 바람에 공감하는 슬픔의 위안이 되고
끝내지 못한 황색 증후군 하나
가슴 깊이 남기네
가을의 붉은 양심은 그래서
아무도 원망할 수 없게 하는
지독한 상처인가 봐.

오이도

기억을 휩쓸고 가는 바람이 거기 있었네
텅 빈 갯벌에서 짠 내음만 풍기고 가는 젊은 날들이

한 마리 물새의 부재도
출렁이며 과거를 묻는 탁한 물빛도 모두
거기에 있었네

꼬마전구에 둘러싸인 기억나무가
가지마다 빛을 건네고 남은 것은 사라진 이름들 뿐
머리칼을 간지럽히는 비린내 나는 부두에서
하얗게 바랜 갑오징어 등처럼
기억을 꿈꾸는 바람은 오히려 그 기억을 버리고 있었네

한끝 건너 뒷골목에는 순댓국집 생새우 튀김집
수산시장에서 흘러나오는 잡어들의 아우성 그대로 남아
세월은 세월대로 흐르고 여전히 남은 것은 살아남아
바다를 향해 앉아 있는데
어느 곳을 돌아 돌아 저녁처럼 나는 물들어 가는가

비릿하게 살아 움직이는 먼 기억의 블랙홀
무채색의 정원에 새하얀 파도가 섞이고 아무렇지 않게
또각또각 구두 소리 나는 포도 위를
아무렇지 않게 나는 걸어가는데

그곳 저녁 수평선이 빨간 해를 삼키는 곳
기억들이 묻혀 살아나지 못하는 곳
그곳 방파제에 둘러싸인 내 그림자와 함께
촘촘히 박힌 오이도의 화려한 네온사인과 함께.

유토피아

불치의 영혼을 앓는
금지된 기도의 시작
조난 당한 꿈속에서도 무너져 내리는
길 잃은 약속
검붉게 밀려오는 이탈의 바다 위에
고혹의 섬처럼 표류하는 마지막 그림자

저녁 빛을 맨입에
비소리를 단숨에
허기진 영혼 속에 팽팽히 집어넣고
흘린 기다림을
다 못 채운 사랑을
밤새도록 발라먹고 있다

영원히 배부르지 않을 유토피아 식탁에서.

나의 시 나의 편지

시간이 달아나고 나면
먼 마음의 슬픔인 듯 비가 내리고
하얗게 밤을 새운 가지마다
그리운 이름으로 꽃을 피운다

당신으로 자유 했던 그 시간에
뜨겁게 기억되는 눈이 부신 나날들
지워지는 눈물만큼 철 못 들어 서러운
그 봄날의 가슴을 나에게도 주라

꽃이여 시간이여 목메이게 부풀어 올라
맨살들의 빗장을 여는 남은 날 앞에
둥글게 일어서는 계절의 이름이 되라

미리맡에 놓아둔 누드 빛 시어(詩語)들이
빗살에 출렁이는 안개 숲을 지나
어디든 끝끝내 닿을 수 있게
발가벗은 너여 가지마다 흰빛으로 살아나라

멀지 않은 곳에 그대 있으니
달(月)고픈 새벽까지 영혼의 닻을 내려
때로는 내가 그일 수 있도록
밤비여 허황한 찻잔 위로 쏟아져 내리라

그는 곧 내 눈물이며
내가 쓰는 말이며
내가 쓰지 않는 말이니.

상실의 온도

둥둥 바다 냄새를 풍기며 비릿하게 달이 뜬다
캄캄한 알코올의 도수가 빌딩 수만큼 높아지는
응집된 밤의 취기
비루한 이력의 열망이 거리에 뿌려지고

동결된 쇼윈도우에 감추어진 음영의 그림자
살아 있는 모든 것 위에서
글리세린 같은 이승의 눈물은
적막한 바람의 숨결을 만난다

지독한 아집의 취기가
저문 골목에서 어둠을 향해 토악질을 한다
얼마나 많은 시간을 더
서로의 낮은 인생을 헐뜯으며
불길한 고통의 편린들을 끌어들일까

고뇌의 망령은
빈 역의 자화상처럼 빛을 잃고

낭자한 선혈의 동통으로 자궁을 앓던
주홍빛 살 속으로 다시 들어가
당신과 섞이기 전 그 도수로 달궈지려 한다

막막히 덮혀진 상실의 문짝에
반쯤 접힌 달이 기울어진 빛으로 취해 있다
누가 다녀갔는지 묻지 않는 허공만
온도를 높여 타고 있을 뿐.

은장도

한 번도 따 보지 않은 동맥을
툭
절망과 희망이 뒤엉킨
황홀한 비명

불치의 인연에 허기져 떠돌던
꿈이 폭발하는 순간
비궁의 뒷골목에서
운명이 반출되어 터지는 소리

열녀문 받으라고 먼저 간 지아비
꽃잎처럼 떠내려간 치마폭에
거룩하게 새겨 넣고
칠거지악의 염탐 속에서
절개에 매장당한 한 뼘 날 샌 은장도

소쩍새가 전설을 읊어대는 밤이면
쩡쩡 갈라지던 영혼
그 황홀한 묘지 앞에
이제 맨 가슴을 드러낸다

쭉정이만 남은 이 박색의 운명도
비너스보다 더 멋진 영육의 날개를 달고
훨훨 꿈꿔보지 못한 세상으로
곱게 곱게 해방되어 날아가고 있지 않은가

꿈 반
현실 반
무명천에 둘러싸인 가슴 두 쪽
화려하게 망가진 원혼이
가공된 생의 은장도 뒤에
성스럽게 앉아 있다.

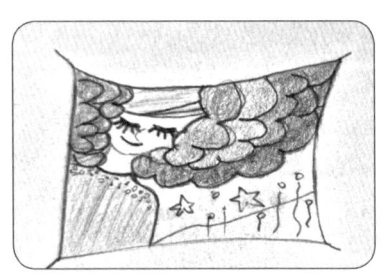

그리운 석양

그래
상처는 빈집처럼 망가져 가고
불현듯 솟아나는 추억의 긴 담장 곁으로
싸리꽃 향기 숨을 멎겠지

저렇게
왕성한 식욕으로 달려드는 석양의 무게가
무엇인지 묻고 싶은 게 사랑이라면
넌 벌써 들통난 거야

무거운 어둠 가득 지고 가는 뒷모습이
아름다웠거든.

창밖은 바람

꽃씨들은 다 어디로 갔을까
동결된 땅은 무수한 침묵으로 잠을 자고
언젠가 환하게 피어오를 그 날을 예감하듯
한 치의 틈조차 허락하지 않는 풀숲은
지나치는 바람의 숨소리에도 푸드득 타오른다

마른 고요를 품고 선 수직의 선들이 조금씩
낙하의 부스러기가 되어 떠나려 한다
너무 오래 머물러 있었나 보다
거부하지 못한 자아로부터 떨치지 못한 아집 사이에서

가끔 차가워진 부위마다 물집이 생기고
상처도 아물기 전 창밖은 이미 어둠투성이 인걸
십자가 끝에서 위태롭게 시작을 알리는 심연의 종소리
그 파문이 사라지기 전
잃어버린 기도를 되찾을 수 있을까

산다는 건 조금씩 포기하는 일이다
당신이 끌어안지 못한 나를 허락하는 일이며
누군가 포기한 사랑을 다시 느끼는 일이며
꽃씨들이 바라는 황홀한 그 날을

잠시 눈 감고 기다리는 고해의 시간이며
저문 강 그늘에서 창밖을 볼 때만큼
차가운 바람을 혼자 껴안는 일이다.

마음만 바꾼다면 다시 따뜻해질 텐데
꽃씨를 품고 꿈을 꾸는 들판과 같이
그리움도 저문 날 차마 디딜 수 없는 그곳으로
희망이 가 닿는다
쉬고 싶다....

시와수상문학 13인의 동인지

거리에 시(詩) 내리듯

초판발행 2024년 12월 10일
지 은 이 : 시와수상문학 작가회

펴 낸 이 : 박소향
펴 낸 곳 : 지식과사람들

그림삽화 : 박소향
등록번호 : 2020-000053

주 소 : 서울 중구 퇴계로 217 진양상가 675호
전 화 : 010-8976-1277
전자우편 : miryarm@daum.net

ISBN : 979-11-986704-1-0

정가 12,000원

이 책의 판권은 출판 지식과 사람들에 있습니다
잘못 만들어진 책은 교환해 드립니다.